Les comètes

Melvin et Gilda Berger

Texte français de Marianne Durand

Éditions SCHOLASTIC

Photographies : Couverture : United Press International/Scholastic Photo Library; p. 1 : Science Photo Library/Photo Researchers, Inc.; p. 3 : Science Photo Library/Photo Researchers, Inc.; p.4 : Aura, Inc. via SODA, p.5 : NASA/Scholastic Photo Library; p. 6 : Julian Baum/Photo Researchers, Inc.; p. 7 : Luis Castaneda Inc./The Image Bank/Getty Images; p. 8 : AP/Wide World Photos; p. 9 : Rev. Ronald Royer/Photo Researchers, Inc.; p. 10 : Dennis Milon/Helen & Richard Lines/Photo Researchers, Inc.; p. 11 : Science Photo Library/Photo Researchers, Inc.; p. 12 : Criotto European Space Agency/Scholastic Photo Library; p. 13 : Stock Trek/Photodisc/Getty images; p. 14 : Astrofoto/Shigemi Numazawa/Peter Arnold, Inc., p.15 : NASA/Dembinsky Photo Associates; p. 16 : Dennis Di Cicco/Peter Arnold, Inc.

Les peintures figurant dans ce livre sont faites par des artistes et les anneaux autour de Jupiter, d'Uranus et de Neptune ne sont pas toujours représentés. Par contre, les anneaux autour de Saturne sont toujours représentés.

Recherche de photos : Sarah Longacre
Catalogage avant publication de Bibliothèque et Archives Canada

Berger, Melvin
Les comètes / Melvin et Gilda Berger ;
texte français de Marianne Durand.

(Lire et découvrir)
Traduction de: Comets.
Pour les 4-6 ans.
ISBN 978-1-4431-1613-8

1. Comètes--Ouvrages pour la jeunesse. I. Berger, Gilda
II. Durand, Marianne III. Titre. IV. Collection: Berger, Melvin.
Lire et découvrir.

QB721.5.B4714 2012   j523.6   C2011-905624-0

Copyright © Melvin et Gilda Berger, 2004.
Copyright © Éditions Scholastic, 2012, pour le texte français.
Tous droits réservés.

Il est interdit de reproduire, d'enregistrer ou de diffuser, en tout ou en partie, le présent ouvrage par quelque procédé que ce soit, électronique, mécanique, photographique, sonore, magnétique ou autre, sans avoir obtenu au préalable l'autorisation écrite de l'éditeur. Pour toute information concernant les droits, s'adresser à Scholastic Inc., 557 Broadway, New York, NY 10012, É.-U.

Édition publiée par les Éditions Scholastic, 604, rue King Ouest, Toronto (Ontario) M5V 1E1

5 4 3 2 1   Imprimé au Canada 119   12 13 14 15 16

Les comètes sont des boules de glace.

Les comètes contiennent de la poussière

Info-comètes
La plupart des comètes décrivent un immense ovale autour du Soleil : l'orbite.

Elles tournent autour du Soleil.

Info-comètes

Les comètes fondent en s'approchant du Soleil.

Parfois, les comètes s'approchent du Soleil.

Elles sont visibles depuis la Terre.

Info-comètes
La queue d'une comète peut faire des millions de kilomètres!

Les comètes qui se trouvent près du Soleil ont de longues queues.

Leurs queues sont très brillantes.

La queue d'une comète est composée en partie de gaz.

Info-comètes
Il faut un télescope pour observer les comètes.

Elle est aussi faite de poussière.

Certaines comètes font de grandes boucles autour du Soleil.

Elles peuvent mettre des millions d'années à faire une grande boucle.

Certaines comètes font de petites boucles autour du Soleil.

Elles peuvent mettre quelques années à faire une petite boucle.

Info-comètes

La comète de Halley est très célèbre. Elle fait le tour du Soleil en 76 ans.

Comète de Halley

Cette comète repassera en 2061.